SUA CARREIRA NA ERA DA INTELIGÊNCIA ARTIFICIAL

Descubra Como a Inteligência Artificial Pode Ser Sua Maior Aliada no Desenvolvimento Profissional e Pessoal

Rodrigo Elias Perestrelo

ISBN: 9798329989939
Selo editorial: Independently published

Design da capa por: Rodrigo Perestrelo
Número de controle da Biblioteca do Congresso: 2018675309

Impresso nos Estados Unidos da América

ÍNDICE

Capacidades

INTRODUÇÃO À IA

Desmistificando o Futuro do Trabalho

Prepare-se para uma imersão no fascinante universo da Inteligência Artificial (IA) e descubra como essa força tecnológica está moldando o futuro do trabalho! Neste livro vamos desmistificar a IA, revelando seus segredos, explorando suas possibilidades e desvendando os mitos que a cercam.

A IA está transformando todos os aspectos de nossas vidas, desde a maneira como trabalhamos até como nos comunicamos e nos divertimos. No entanto, essa tecnologia ainda é cercada por muitos mitos e equívocos. Vamos começar com uma visão clara e acessível dos conceitos básicos da IA e suas implicações no mercado de trabalho, preparando você para os desafios e oportunidades desta nova era.

Chegou a hora de perder o medo do desconhecido, abraçar a mudança e se preparar para um futuro profissional repleto de possibilidades! Junte-se a nós nesta jornada e descubra como a IA pode ser sua aliada na conquista dos seus objetivos.

CAPÍTULO 1: O QUE É INTELIGÊNCIA ARTIFICIAL?

Prepare-se para desvendar um mundo onde máquinas aprendem, raciocinam e tomam decisões como nós! Neste capítulo, embarcaremos em uma jornada fascinante para desmistificar a Inteligência Artificial (IA), uma força tecnológica que está revolucionando a maneira como vivemos, trabalhamos e interagimos com o mundo ao nosso redor.

Deixe de lado as imagens complexas de códigos e algoritmos indecifráveis. Vamos explorar o lado humano da IA, revelando seus conceitos básicos de forma clara, simples e acessível, mesmo que você não tenha nenhum conhecimento técnico prévio. Prepare-se para se surpreender com a presença da IA em seu dia a dia, desde os filmes que você assiste até os aplicativos que você usa, e descubra como essa poderosa ferramenta está moldando o futuro da humanidade.

A era da IA já começou, e você está convidado a fazer parte dessa revolução!

1.1 DEFINIÇÃO

Imagine um futuro onde máquinas podem "pensar" como nós, aprender com suas experiências e tomar decisões complexas. Parece ficção científica? Acredite, esse futuro já é realidade, e atende pelo nome de Inteligência Artificial (IA).

Mas calma! Antes de imaginar robôs dominando o mundo, vamos desmistificar esse universo.

Em termos simples, a IA é como um treinamento super poderoso para computadores. Ensinamos a eles como processar informações, identificar padrões e tomar decisões baseadas em dados, de forma muito semelhante ao que nós, humanos, fazemos.

Parece complicado? Vamos simplificar com exemplos do seu dia a dia:

Recomendações personalizadas na Netflix: Isso é IA em ação, analisando o que você assiste para sugerir filmes e séries que você provavelmente vai amar.

Assistentes virtuais como Siri e Alexa: Através do processamento de linguagem natural (uma vertente da IA), eles entendem seus comandos de voz e respondem às suas perguntas.

Carros autônomos: A inteligência artificial está no volante, interpretando dados de sensores para navegar pelas ruas sem intervenção humana.

Detecção de fraudes em transações bancárias: Algoritmos inteligentes analisam padrões suspeitos para proteger seu dinheiro.

Esses são apenas alguns exemplos de como a IA já está presente na sua vida, mesmo que você não perceba!

A inteligência artificial não se trata de substituir humanos, mas sim de nos empoderar com ferramentas poderosas para realizar tarefas de forma mais eficiente, tomar decisões mais inteligentes e abrir um leque de novas possibilidades.

No próximo capítulo, vamos explorar como essa revolução tecnológica está moldando o mercado de trabalho e criando oportunidades incríveis para quem estiver preparado!

1.2 DESVENDANDO OS MITOS E VERDADES DA IA

Você já se pegou imaginando robôs superinteligentes dominando o mundo, enquanto a humanidade luta para sobreviver? Calma lá! As cenas apocalípticas de Hollywood não poderiam estar mais distantes da realidade.

A Inteligência Artificial, apesar de já ser uma realidade em nosso dia a dia, ainda é cercada de mitos e equívocos. E acredite, desmistificar essa área fascinante é o primeiro passo para você não apenas compreendê-la, mas também aproveitar todas as oportunidades que ela oferece.

Prepare-se para separar os fatos da ficção, enquanto desmascaramos os mitos mais populares sobre a IA!

Mito 1: A IA vai roubar meu emprego!

Respire fundo! Esse é o medo mais comum, mas a realidade é muito mais animadora. A IA não é uma vilã que chega para substituir os humanos, mas sim uma poderosa aliada para impulsionar sua carreira a um novo patamar.

Pense na IA como uma ferramenta, assim como um martelo ou um computador. Nas mãos certas, ela se torna um instrumento poderoso para automatizar tarefas repetitivas, liberando tempo para você se dedicar a atividades mais estratégicas, criativas e gratificantes.

A verdade é que a IA está criando um novo mercado de trabalho, com profissões que sequer existiam há alguns anos! E aqueles que se adaptarem e aprenderem a dominar essa tecnologia estarão à frente da curva, com um futuro brilhante pela frente.

Mito 2: Só experts em tecnologia podem entender de IA.

Esqueça a imagem do gênio da computação escrevendo linhas de código complexas. A IA está se tornando cada vez mais acessível, com ferramentas intuitivas e fáceis de usar, mesmo para quem não tem conhecimento técnico avançado.

É como usar um smartphone: você não precisa entender de engenharia eletrônica para navegar na internet, tirar fotos incríveis ou conversar com seus amigos por mensagem, certo? Com a IA é a mesma coisa!

Existem inúmeros cursos online, tutoriais e comunidades que ensinam os conceitos básicos da IA de forma descomplicada e prática, capacitando você a usar essa tecnologia a seu favor, independentemente da sua área de atuação.

Mito 3: A IA é perfeita e nunca erra.

Se até nós, humanos, erramos de vez em quando, por que com a IA seria diferente? A verdade é que a inteligência artificial ainda está em desenvolvimento e, assim como qualquer outra tecnologia, está sujeita a falhas e vieses.

É importante lembrar que a IA é treinada com dados fornecidos por humanos, e se esses dados contiverem erros ou preconceitos, a IA poderá replicá-los. Imagine um sistema de IA usado para recrutamento que foi treinado com dados de currículos de homens brancos: ele poderá perpetuar a desigualdade de gênero e raça no mercado de trabalho.

A chave para uma IA mais justa e confiável está na conscientização, na diversidade de dados utilizados em seu treinamento e na atuação humana para supervisionar e corrigir possíveis falhas.

Mito 4: A IA é coisa do futuro, ainda tenho tempo de sobra para me preocupar com isso.

Se você pensa assim, está perdendo tempo... literalmente! A IA já é uma realidade, e sua evolução é mais rápida do que nunca. Adiar o aprendizado sobre essa tecnologia é como nadar contra a correnteza: você pode até tentar, mas a maré vai te levar para trás.

A boa notícia é que nunca foi tão fácil começar a se aventurar nesse universo! Abrace a oportunidade de se tornar um profissional do futuro, capaz de dominar a IA e usá-la como um trampolim para alcançar seus objetivos.

A Era da IA já começou, e você está convidado a fazer parte dessa revolução! No próximo capítulo, vamos explorar como essa tecnologia está transformando o mercado de trabalho e abrindo um leque de oportunidades incríveis para quem estiver preparado. Prepare-se para o futuro!

CAPÍTULO 2: A REVOLUÇÃO DA IA NO MERCADO DE TRABALHO

Aperte o cinto e prepare-se para uma viagem emocionante pelo futuro do trabalho! Esqueça a imagem futurista de robôs dominando o mundo: a verdadeira revolução da IA já está acontecendo, e ela é muito mais colaborativa do que você imagina.

Assim como a Revolução Industrial transformou a maneira como produzíamos bens, a era da IA está reinventando a forma como trabalhamos. A diferença é que, desta vez, as mudanças são ainda mais rápidas e abrangentes, impactando todas as áreas e profissões.

2.1 COMO A IA ESTÁ TRANSFORMANDO AS PROFISSÕES?

A IA não é um botão mágico que automatiza tudo da noite para o dia. É uma força poderosa que está remodelando as profissões, criando novas oportunidades e exigindo uma nova forma de pensar sobre o trabalho.

2.1.1. Automatizando o Tedioso, Libertando o Potencial Humano

Imagine um mundo onde você pode delegar tarefas repetitivas e burocráticas para a IA, liberando tempo e energia para se concentrar no que realmente importa: criatividade, estratégia e conexão humana.

Na saúde: A IA auxilia na análise de exames médicos, identificando doenças em estágios iniciais e liberando os médicos para se dedicarem ao tratamento e cuidado com os pacientes.

No atendimento ao cliente: Chatbots inteligentes respondem a perguntas frequentes, resolvem problemas simples e direcionam os clientes para o atendimento humano apenas quando necessário, proporcionando um serviço mais rápido e eficiente.

No marketing: A IA analisa dados de consumidores, identifica padrões de comportamento e personaliza campanhas de marketing, otimizando o retorno sobre o investimento e permitindo que os profissionais se concentrem na estratégia e na criatividade.

A mensagem é clara: a IA não veio para substituir, mas para

complementar. Ao automatizar o que é mecânico, ela nos permite focar no que nos torna únicos: nossa capacidade de pensar, criar e inovar.

2.1.2. Criando um Novo Cenário de Habilidades

A era da IA exige um novo conjunto de habilidades, e aqueles que se adaptarem primeiro sairão na frente. Esqueça a ideia de aprender apenas para uma profissão específica, o futuro pertence aos profissionais multifacetados, com uma combinação de habilidades técnicas e socioemocionais.

Pensamento crítico e resolução de problemas: A capacidade de analisar dados, identificar padrões e tomar decisões estratégicas em um mundo cada vez mais complexo e orientado por dados será essencial.

Criatividade e Inovação: A IA pode automatizar tarefas, mas a capacidade de pensar fora da caixa, gerar ideias originais e desenvolver soluções inovadoras continuará sendo um diferencial humano insubstituível.

Comunicação e Colaboração: Em um mundo cada vez mais conectado, a habilidade de comunicar ideias de forma clara e concisa, trabalhar em equipe e construir relacionamentos interpessoais será fundamental.

Aprender a trabalhar em sinergia com a IA, utilizando-a como uma ferramenta para potencializar suas habilidades, é a chave para o sucesso profissional no futuro.

2.1.3. Abrindo Portas para Novas Profissões

Prepare-se para um futuro com profissões que você nunca imaginou! A IA está criando um novo leque de oportunidades, impulsionando o surgimento de áreas inovadoras e desafiadoras.

Engenheiro de Machine Learning: Profissionais responsáveis por desenvolver e treinar algoritmos de IA para realizar tarefas específicas, como reconhecimento facial, tradução automática e análise preditiva.

Cientista de Dados: Especialistas em extrair insights valiosos de grandes conjuntos de dados, utilizando técnicas estatísticas e ferramentas de IA para auxiliar na tomada de decisão estratégica.

Especialista em Ética em IA: Profissionais que garantem o uso responsável e ético da IA, prevenindo vieses, discriminação e impactos negativos para a sociedade.

A era da IA não é apenas sobre tecnologia, mas sobre pessoas. As novas profissões exigirão uma combinação de habilidades técnicas e humanas, criando um futuro do trabalho mais empático, inovador e focado em soluções para os desafios da humanidade.

2.2 OPORTUNIDADES E DESAFIOS DA ERA DA AUTOMAÇÃO:NAVEGANDO PELAS CORRENTES DA MUDANÇA

A automação, impulsionada pela inteligência artificial, é como um rio poderoso: molda paisagens, cria novos caminhos e exige que nos adaptemos à sua força. Nesta jornada, navegaremos pelos desafios e oportunidades que essa correnteza tecnológica apresenta, mostrando como você pode usar a IA a seu favor.

Desafios? É claro que existem, mas encará-los de frente é o primeiro passo para superá-los!

A Curva de Aprendizagem: Aprender novas habilidades e se atualizar constantemente será crucial. A era da estabilidade profissional acabou, abrace a mentalidade de aprendizado contínuo!

A Demanda por Novas Habilidades: Habilidades como pensamento crítico, criatividade, comunicação e inteligência emocional serão cada vez mais valorizadas. Prepare-se para desenvolver suas soft skills!

A Transformação de Carreiras: Algumas funções tradicionais podem se transformar ou até mesmo desaparecer. A boa notícia? A IA também criará novas oportunidades, muitas delas ainda inexploradas!

A Ética na Era da IA: Questões como viés algorítmico, privacidade de dados e o impacto da IA na sociedade exigem atenção.

Precisamos garantir que a inteligência artificial seja utilizada de forma responsável e ética.

Mas não se deixe levar pelo medo, as oportunidades que a era da automação oferece são ainda maiores!

Aumento da Produtividade e Eficiência: Automatizando tarefas repetitivas, a IA libera tempo para você se dedicar a atividades mais estratégicas, criativas e gratificantes.

Criação de Novas Profissões e Mercados: A IA está impulsionando o surgimento de áreas inovadoras, como desenvolvimento de software para IA, análise de dados, engenharia de robótica e muito mais.

Melhoria na Tomada de Decisão: Com a análise de dados em massa, a IA fornece insights poderosos para empresas e profissionais tomarem decisões mais estratégicas e eficazes.

Trabalho Mais Significativo e Gratificante: Ao automatizar o trabalho braçal, a IA abre espaço para que os humanos se concentrem em tarefas que exigem criatividade, empatia e habilidades interpessoais.

A chave para prosperar nesta nova era é a adaptabilidade!

Imagine a IA como uma bússola e um mapa nesse novo mundo do trabalho: ela te guia na direção certa e te ajuda a navegar pelos desafios, mas você precisa estar disposto a explorar, aprender e se adaptar.

Então, como navegar pelas corredeiras da automação?

Invista em Educação e Desenvolvimento Profissional: Busque cursos online, workshops, especializações e formações que te capacitem a dominar as habilidades do futuro.

Desenvolva suas Soft Skills: Aprimore suas habilidades de comunicação, colaboração, criatividade, pensamento crítico e inteligência emocional.

Acompanhe as Tendências do Mercado: Mantenha-se atualizado sobre as últimas novidades em IA, as novas profissões que estão surgindo e as habilidades que estão em alta.

Seja Protagonista da sua Carreira: Abrace a mentalidade de aprendizado contínuo, seja proativo na busca por novos conhecimentos e esteja aberto a novos desafios e oportunidades.

A era da automação já começou, e aqueles que se adaptarem primeiro estarão um passo à frente! No próximo tópico, vamos te mostrar quais habilidades você precisa desenvolver para surfar essa onda e garantir seu sucesso profissional no futuro.

2.3 HABILIDADES DO FUTURO: O MAPA DO TESOURO PARA O SUCESSO PROFISSIONAL

A bússola da IA já apontou a direção: o futuro do trabalho exige adaptabilidade, aprendizado contínuo e um novo conjunto de habilidades. É hora de abrir o mapa do tesouro e descobrir quais são as suas ferramentas para prosperar nesse novo mundo!

As habilidades técnicas serão importantes, mas são as habilidades humanas que te farão brilhar!

Enquanto a IA automatiza tarefas repetitivas, a demanda por profissionais capazes de pensar criticamente, solucionar problemas complexos, liderar com empatia e se comunicar de forma eficaz só aumenta.

Prepare-se para turbinar as seguintes habilidades:

Pensamento Crítico e Resolução de Problemas

Analisar informações: A capacidade de interpretar dados, identificar padrões, separar o importante do irrelevante e formar uma opinião crítica será crucial.

Resolver problemas complexos: As respostas prontas estão no Google, o futuro pertence a quem consegue solucionar problemas inéditos, conectando diferentes áreas do conhecimento.

Tomar decisões estratégicas: Em um mundo inundado por dados, a intuição precisa andar de mãos dadas com a análise crítica para tomar decisões assertivas.

Criatividade e Inovação

Pensar fora da caixa: A IA pode gerar soluções baseadas em dados, mas a capacidade de pensar de forma original, desafiar o status quo e propor soluções inovadoras será um diferencial humano insubstituível.

Experimentar e aprender com os erros: Em um mundo em constante mudança, a capacidade de se adaptar, aprender com os erros e iterar rapidamente será fundamental para inovar.

Combinar diferentes áreas do conhecimento: A criatividade floresce na intersecção entre diferentes áreas, conecte seus conhecimentos de maneira inovadora!

Comunicação e Colaboração

Comunicar-se com clareza e objetividade: A era da informação exige mensagens concisas, objetivas e que capturem a atenção em um mundo repleto de distrações.

Trabalhar em equipe e colaborar de forma eficiente: A IA pode ser uma aliada poderosa na colaboração, conectando pessoas e otimizando fluxos de trabalho.

Construir relacionamentos interpessoais: A inteligência emocional, a empatia e a capacidade de construir conexões humanas autênticas serão cada vez mais importantes em um mundo cada vez mais digital.

Adaptabilidade e Aprendizado Contínuo

Aprender a aprender: A capacidade de adquirir novos conhecimentos de forma rápida, autônoma e eficiente será essencial em um mundo em constante transformação.

Ser flexível e aberto a mudanças: A rigidez é inimiga do progresso, abrace a mudança como uma oportunidade de aprendizado e crescimento!

Cultivar a curiosidade e a vontade de aprender: O futuro pertence àqueles que buscam constantemente novos conhecimentos e se desafiam a ir além.

Lembre-se, o futuro é construído por aqueles que se preparam para ele!

Ao dominar essas habilidades, você estará pronto para navegar com segurança pelas águas da Revolução da IA, transformando desafios em oportunidades e construindo uma carreira de sucesso nesse novo mundo do trabalho.

Mas antes de mergulharmos de cabeça nas ferramentas e aplicações práticas da IA, precisamos fazer uma pausa importante. No próximo capítulo, vamos abordar um tema crucial para garantir que essa poderosa tecnologia seja utilizada para o bem: a ética e o impacto social da inteligência artificial.

Vamos continuar com o próximo capítulo sobre Ética e Impacto Social da Inteligência Artificial.

CAPÍTULO 3: ÉTICA E IMPACTO SOCIAL DA IA

Até agora, exploramos as maravilhas da IA e como ela está moldando o futuro do trabalho. Mas, como dizia o Tio Ben no Homem-Aranha: "Com grandes poderes vêm grandes responsabilidades". É aqui que a ética entra em cena. A inteligência artificial, apesar de suas maravilhas, não é isenta de dilemas éticos que exigem nossa atenção.

3.1 QUESTÕES ÉTICAS SOBRE O USO DA IA: ENTRE A INOVAÇÃO E A RESPONSABILIDADE

Imagine um futuro onde algoritmos decidem quem consegue um emprego, qual tratamento médico um paciente recebe ou até mesmo a pena que um réu deve cumprir. Empolgante e assustador ao mesmo tempo, não é?

A verdade é que a IA já está presente em muitas dessas áreas, o que torna as questões éticas não apenas um debate para o futuro, mas sim uma necessidade urgente no presente.

Quais são os principais pontos de interrogação que surgem quando falamos de ética em IA?

Vieses e Discriminação: Algoritmos aprendem com dados, e se esses dados refletem preconceitos existentes em nossa sociedade, a IA pode perpetuar e até mesmo amplificar esses problemas. Imagine um sistema de IA usado para recrutamento que foi treinado com dados de currículos de homens brancos: ele tenderá a favorecer candidatos com o mesmo perfil, discriminando mulheres e minorias.

Privacidade e Segurança de Dados: A inteligência artificial se alimenta de dados, mas quem controla essas informações? Como garantir a privacidade das pessoas em um mundo cada vez mais monitorado por algoritmos? A coleta e o uso de dados para treinar e alimentar a IA precisam ser transparentes e respeitar a privacidade individual.

Responsabilidade e Transparência: Se um carro autônomo causa um acidente, quem é o culpado: o dono do carro, o fabricante ou o algoritmo? A questão da responsabilidade em caso de falhas da IA ainda é um desafio a ser solucionado. A falta de transparência em como alguns algoritmos tomam decisões também é preocupante, levantando questões sobre justiça e viés.

Impacto no Mercado de Trabalho: A automação impulsionada pela IA irá, sem dúvida, transformar o mercado de trabalho. Como podemos garantir que essa transição seja justa e que os trabalhadores deslocados por máquinas sejam capacitados para novas oportunidades? A requalificação profissional e a busca por soluções que minimizem o impacto social da automação são cruciais.

Uso Malicioso da IA: Assim como qualquer tecnologia poderosa, a IA pode ser usada para fins nefastos, como a criação de deepfakes (vídeos falsos incrivelmente realistas) para manipular a opinião pública, o desenvolvimento de armas autônomas letais ou a vigilância em massa. A comunidade internacional precisa trabalhar em conjunto para estabelecer limites éticos claros para o desenvolvimento e uso da IA.

E o que podemos fazer para garantir um futuro da IA ético e responsável?

Desenvolver IA com princípios éticos: Precisamos integrar a ética desde a concepção dos sistemas de IA, garantindo que os algoritmos sejam justos, transparentes e não discriminatórios.

Criar mecanismos de auditoria e regulamentação: É fundamental estabelecer leis, normas e mecanismos de controle para fiscalizar o desenvolvimento e uso da IA, garantindo que a tecnologia seja utilizada para o bem da humanidade.

Promover o debate público e a conscientização: A ética em IA não é um assunto apenas para especialistas, mas um debate que precisa envolver toda a sociedade. É preciso informar e conscientizar as pessoas sobre os desafios e oportunidades da IA, incentivando a participação pública nesse debate crucial.

A inteligência artificial tem um potencial incrível para o bem, mas cabe a nós, como sociedade, garantir que essa poderosa ferramenta seja utilizada de forma ética, responsável e em benefício de toda a humanidade. Mas como fazer isso quando os próprios algoritmos podem carregar os preconceitos existentes em nossa sociedade? No próximo tópico, vamos mergulhar em um dos maiores desafios da ética em IA: o viés algorítmico e seus perigos.

3.2 VIÉS ALGORÍTMICO: QUANDO A MÁQUINA HERDA OS PRECONCEITOS HUMANOS

Imagine um sistema de IA que auxilia na seleção de candidatos para uma vaga de emprego. Parece uma ótima ideia para eliminar a subjetividade humana, certo? Mas e se esse sistema, baseado em dados de contratações passadas, começar a rejeitar automaticamente currículos de mulheres ou pessoas negras, simplesmente porque historicamente esses grupos foram menos favorecidos no processo seletivo?

Essa situação, por mais absurda que pareça, ilustra um dos maiores perigos da IA: o viés algorítmico.

O viés algorítmico ocorre quando um sistema de IA reproduz e amplifica preconceitos existentes nos dados utilizados para treiná-lo. É como ensinar um papagaio a falar usando apenas frases preconceituosas: ele irá repeti-las sem ter consciência do seu significado real.

Quais são os perigos do viés algorítmico?

Perpetuação da desigualdade: Se não forem cuidadosamente analisados e controlados, os algoritmos podem perpetuar e até mesmo agravar as desigualdades existentes em áreas como justiça criminal, acesso à saúde, educação, mercado de trabalho e crédito financeiro.

Discriminação indireta: Mesmo sem a intenção de discriminar, um algoritmo pode acabar favorecendo determinados grupos em detrimento de outros, simplesmente porque foi treinado com dados enviesados.

Erosão da confiança na IA: A presença de vieses em sistemas de IA pode minar a confiança do público nessa tecnologia, dificultando sua adoção em áreas cruciais para o desenvolvimento social.

Como combater o viés algorítmico?

Diversidade nos dados: A utilização de dados diversos e representativos da sociedade é crucial para evitar que os algoritmos reproduzam os preconceitos existentes.

Transparência e auditabilidade: É preciso desenvolver mecanismos que permitam auditar os algoritmos e entender como eles tomam decisões, tornando o processo mais transparente e responsável.

Conscientização e educação: Desenvolvedores de IA, empresas e a sociedade em geral precisam estar conscientes dos riscos do viés algorítmico e trabalhar em conjunto para garantir que a IA seja utilizada de forma ética e justa.

A luta contra o viés algorítmico é um desafio complexo, que exige atenção constante e uma mudança de cultura em relação à forma como desenvolvemos e utilizamos a IA.

E essa mudança de cultura passa também por prepararmos as pessoas para o futuro do trabalho, garantindo que todos tenham acesso às oportunidades da era da IA. No próximo tópico, vamos explorar como a qualificação profissional se torna ainda mais importante nesse novo cenário.

3.3 O FUTURO DO TRABALHO: APRENDIZADO CONTÍNUO COMO BÚSSOLA NA ERA DA IA

A inteligência artificial está redefinindo o que significa "trabalhar", e a qualificação profissional se torna a bússola para navegar por esse novo cenário em constante mutação.

É natural sentir um frio na espinha ao imaginar robôs dominando o mercado de trabalho. Mas a realidade é que, ao invés de um cenário apocalíptico, a IA abre portas para um futuro do trabalho mais humano, estratégico e colaborativo.

Como a qualificação profissional se encaixa nessa nova era?

Ascensão de Novas Profissões: A demanda por profissionais de áreas como ciência de dados, desenvolvimento de IA, engenharia robótica e especialistas em ética digital está em alta. Novas profissões, impensáveis há alguns anos, continuam a surgir a cada dia.

Reinvenção de Carreiras Tradicionais: A IA não substituirá totalmente as profissões tradicionais, mas irá transformá-las. Habilidades como comunicação, criatividade, pensamento crítico e inteligência emocional serão ainda mais valorizadas em diversas áreas.

Trabalho em Colaboração com a IA: O futuro do trabalho será moldado pela colaboração entre humanos e máquinas. Profissionais capacitados para usar a IA como ferramenta para potencializar suas habilidades terão um diferencial competitivo imbatível.

Aprendizado Contínuo como Imperativo: A velocidade das

transformações exige adaptabilidade e a busca constante por novos conhecimentos. A era do diploma único para a vida acabou. O aprendizado contínuo se torna a chave para se manter relevante e competitivo.

Quais os caminhos para se preparar para o futuro do trabalho?

Invista em Educação: Busque cursos, especializações e formações em áreas relacionadas à IA, tecnologia e habilidades do futuro.

Desenvolva Habilidades Humanas: Aprimore suas soft skills, como comunicação, trabalho em equipe, criatividade e resolução de problemas.

Acompanhe as Tendências: Mantenha-se atualizado sobre as novas tecnologias, as demandas do mercado e as habilidades em alta.

Cultive uma Mentalidade de Crescimento: Abrace a mudança, seja curioso, busque aprender coisas novas e esteja aberto a novos desafios.

E se a própria IA pudesse ser uma aliada poderosa no aprendizado contínuo?

A resposta é um sonoro SIM! As plataformas de aprendizado online já utilizam a IA para personalizar o ensino, recomendar conteúdos relevantes e oferecer feedback instantâneo, tornando o processo mais eficiente e engajador.

Imagine ter um tutor virtual disponível 24 horas por dia para tirar suas dúvidas, adaptar o ritmo de aprendizado às suas necessidades e te guiar pelos melhores caminhos para alcançar seus objetivos. Essa é apenas uma das possibilidades que a IA oferece para o futuro da educação.

Como a IA está transformando a forma como aprendemos?

Plataformas de aprendizagem personalizadas: A IA analisa seu perfil, objetivos e ritmo de aprendizado para te conectar com os cursos e conteúdos mais relevantes para você.

Tutores virtuais e assistentes de estudo: Imagine ter um assistente virtual disponível 24 horas por dia para tirar suas dúvidas, te ajudar com exercícios e te motivar ao longo do processo de aprendizagem.

Feedback instantâneo e personalizado: A IA pode avaliar seu desempenho em tempo real, identificar seus pontos fortes e fracos e te oferecer um feedback personalizado para te ajudar a melhorar continuamente.

Acessibilidade e democratização do conhecimento: A IA tem o potencial de democratizar o acesso à educação de qualidade, tornando-a mais acessível a pessoas de diferentes origens e localizações geográficas.

Ao abraçar as ferramentas de IA como aliadas no aprendizado contínuo, você potencializa sua jornada de desenvolvimento profissional e se prepara para o futuro do trabalho de forma inovadora e eficiente.

No próximo capítulo, vamos explorar o universo das ferramentas de IA que já estão disponíveis para você turbinar sua produtividade e impulsionar sua carreira. Prepare-se para se surpreender!

CAPÍTULO 4: FERRAMENTAS DE IA PARA PRODUTIVIDADE PESSOAL

Chegou a hora de arregaçar as mangas e colocar a mão na massa! Esqueça aquela ideia de que a IA é coisa do futuro ou apenas para gênios da tecnologia. Esta parte do livro é um convite para você experimentar, na prática, como a IA pode ser sua aliada poderosa no dia a dia profissional.

4.1 AUTOMAÇÃO DE TAREFAS REPETITIVAS: DEIXE QUE A IA FAÇA O TRABALHO BRAÇAL POR VOCÊ

Você já parou para contar quanto tempo gasta por dia, ou por semana, com tarefas repetitivas e maçantes? Respondendo e-mails padronizados, preenchendo planilhas, organizando arquivos, agendando compromissos... São atividades que consomem tempo e energia que você poderia estar investindo em tarefas mais estratégicas e criativas.

A boa notícia é que a IA pode libertar você dessas amarras! As ferramentas de automação de tarefas permitem que você delegue as atividades repetitivas para a IA, liberando tempo e energia para você se concentrar no que realmente importa.

Imagine as possibilidades:

Automatizar respostas de e-mail: Crie respostas automáticas inteligentes para e-mails frequentes, como confirmações de agendamento, solicitações de informação ou dúvidas frequentes.

Preencher formulários e documentos: A IA pode extrair informações de diferentes fontes e preencher automaticamente formulários e documentos, economizando tempo e evitando erros de digitação.

Organizar arquivos e pastas automaticamente: Chega de perder tempo procurando arquivos perdidos no computador! A IA pode organizar seus arquivos e pastas de forma inteligente, usando critérios como data, tipo de arquivo, palavras-chave e muito mais.

Gerar relatórios e apresentações: A IA pode coletar dados de diferentes fontes e gerar automaticamente relatórios e apresentações, com gráficos, tabelas e insights relevantes, poupando seu tempo para analisar as informações e preparar sua apresentação.

No próximo tópico, vamos explorar como a IA pode te ajudar a organizar seu tempo de forma inteligente e otimizada, para que você possa se concentrar no que realmente importa. Continue acompanhando!

4.2 ORGANIZAÇÃO E GESTÃO DO TEMPO: DOMINE SUA ROTINA COM A FORÇA DA IA

Você já se sentiu perdido em um mar de tarefas, prazos e compromissos, sem saber por onde começar? A falta de organização e a má gestão do tempo são como ladrões silenciosos, roubando sua produtividade, aumentando o estresse e impedindo você de alcançar seu potencial máximo.

Mas calma! A inteligência artificial não está aqui apenas para automatizar tarefas, mas também para ser sua aliada na organização e gestão do tempo, transformando você em um mestre Jedi da produtividade.

Prepare-se para dominar sua rotina com as seguintes dicas:

4.2.1. Calendários Inteligentes: Diga Adeus aos Conflitos de Agenda

Esqueça os calendários tradicionais, cheios de rasuras e informações confusas! As ferramentas de calendário com IA aprendem com sua rotina, otimizam sua agenda e te ajudam a aproveitar cada minuto do seu dia.

Ferramentas: Google Agenda, Calendly, HubSpot Meetings

Exemplo: Imagine que você precisa agendar uma reunião com várias pessoas em diferentes fusos horários. Ao invés de perder tempo enviando e-mails e tentando conciliar agendas, basta inserir os nomes dos participantes e o objetivo da reunião na ferramenta de IA. Ela se encarrega de encontrar o melhor horário para todos, considerando suas agendas e preferências.

4.2.2. Gerenciamento de Tarefas: Priorize o que Realmente Importa

Com tantas tarefas a serem realizadas, saber priorizar o que é realmente importante se torna crucial para não se perder em meio ao caos. As ferramentas de gerenciamento de tarefas com IA te ajudam a organizar suas atividades, definir prazos realistas e manter o foco no que realmente importa.

Ferramentas: Trello, Asana, Todoist, Notion

Exemplo: Ao invés de criar listas intermináveis de tarefas que nunca acabam, a IA pode te ajudar a definir prioridades com base na importância e urgência das atividades. Você pode usar etiquetas, cores e categorias para organizar seus projetos e acompanhar o progresso de forma visual e intuitiva.

4.2.3. Técnicas de Gerenciamento de Tempo com IA:

Técnica Pomodoro com IA: Imagine um aplicativo que identifica seus momentos de maior foco e produtividade ao longo do dia, e automaticamente ajusta seus blocos de tempo da técnica Pomodoro (25 minutos de trabalho focado + 5 minutos de descanso) para otimizar seu desempenho.

Análise de Tempo com IA: Ferramentas como RescueTime e Toggl Track rastreiam como você gasta seu tempo no computador e fornecem relatórios detalhados sobre sua produtividade. Com base nesses dados, a IA identifica seus maiores "ralos de tempo" e sugere mudanças na sua rotina para otimizar seu dia.

Lembre-se: A IA é uma ferramenta poderosa, mas o sucesso da organização e gestão do tempo depende do seu comprometimento em utilizá-la de forma consistente e estratégica. Defina metas claras, experimente diferentes ferramentas e descubra o que funciona melhor para você.

No próximo tópico, vamos explorar como a IA pode turbinar sua comunicação, tornando seus e-mails, apresentações e mensagens mais claras, objetivas e persuasivas. Continue acompanhando!

4.3 COMUNICAÇÃO EFICIENTE COM IA: TRANSFORME SUAS PALAVRAS EM FERRAMENTAS DE SUCESSO

Em um mundo saturado de informações, comunicar-se de forma clara, concisa e persuasiva é uma habilidade mais valiosa do que nunca. A boa notícia é que você não precisa ser um mestre da comunicação para se destacar: a inteligência artificial pode ser sua parceira estratégica para transformar suas palavras em verdadeiras ferramentas de sucesso.

Imagine ter um editor experiente revisando seus textos em tempo real, um coach de linguagem te ajudando a encontrar as palavras certas e um tradutor simultâneo quebrando as barreiras do idioma. Com a IA, essa realidade já é possível!

Prepare-se para turbinar sua comunicação com as seguintes dicas:

4.3.1. E-mails Imbatíveis: Diga Adeus aos Erros de Português e à Falta de Clareza

Escrever e-mails claros, concisos e livres de erros de português é essencial para construir uma imagem profissional e transmitir suas ideias com eficiência. Ferramentas de IA como o Grammarly e o LanguageTool atuam como verdadeiros "editores virtuais", analisando seus textos em tempo real, corrigindo erros gramaticais, ortográficos e de pontuação, além de sugerir sinônimos e frases mais claras e concisas.

Ferramentas: Grammarly, LanguageTool

Exemplo: Imagine que você está escrevendo um e-mail importante para um cliente em potencial. A ferramenta de IA identifica um erro de concordância verbal que passou despercebido e sugere a forma correta da frase, garantindo que sua mensagem transmita profissionalismo e credibilidade.

4.3.2. Apresentações Impactantes: Cative sua Audiência com a Força da IA

Criar apresentações envolventes e memoráveis pode ser um desafio e tanto. A IA pode te ajudar a estruturar suas ideias, criar slides visualmente atraentes e até mesmo ensaiar sua fala, para que você domine o palco com confiança e segurança.

Ferramentas: Beautiful.ai, Slidesgo, PowerPoint (com recursos de IA integrados)

Exemplo: A IA pode analisar o conteúdo da sua apresentação e sugerir imagens, gráficos e layouts que tornem seus slides mais atraentes e memoráveis. Além disso, algumas ferramentas permitem que você treine sua fala com a IA, recebendo feedback sobre ritmo, entonação e clareza da sua voz.

4.3.3. Tradução Instantânea: Expanda seus Horizontes com a Magia da IA

A barreira do idioma nunca mais será um obstáculo para você! Ferramentas de tradução como o Google Tradutor e o DeepL utilizam IA para traduzir textos e conversas em tempo real com uma precisão impressionante, permitindo que você se comunique com pessoas do mundo todo e acesse informações em diversos idiomas.

Ferramentas: Google Tradutor, DeepL

Exemplo: Imagine que você precisa participar de uma videoconferência com clientes internacionais. A ferramenta de IA traduz em tempo real a fala de cada participante para o seu idioma, e vice-versa, permitindo uma comunicação fluida e eficiente.

Lembre-se: a IA é uma aliada poderosa para turbinar sua comunicação, mas é fundamental utilizá-la com discernimento. Revise sempre os textos gerados pela IA, adaptando-os ao contexto da sua mensagem e ao seu estilo pessoal. Afinal, a comunicação humana vai muito além das palavras, envolvendo emoção, empatia e autenticidade.

No próximo tópico, vamos colocar a mão na massa e explorar exemplos práticos de ferramentas de IA que você pode começar a usar hoje mesmo para aumentar sua produtividade, como ChatGPT, Grammarly, Trello e muito mais! Continue acompanhando!

4.4 EXEMPLOS PRÁTICOS COM FERRAMENTAS POPULARES: SUA CAIXA DE FERRAMENTAS IA PARA O SUCESSO

Chegou a hora de transformar a teoria em prática! Prepare-se para conhecer as ferramentas de IA mais incríveis do momento e descubra como elas podem se tornar suas aliadas poderosas no dia a dia, mesmo que você não tenha nenhum conhecimento técnico avançado.

Lembre-se: a melhor forma de aprender é experimentando! Por isso, explore as ferramentas que apresentaremos, teste suas funcionalidades e descubra como elas podem se encaixar na sua rotina e te ajudar a alcançar seus objetivos.

4.4.1. ChatGPT: O Mago da Escrita Criativa e a Arte da Comunicação Persuasiva

Imagine ter um parceiro criativo sempre à disposição, pronto para te ajudar a escrever textos envolventes, gerar ideias inovadoras e até mesmo ter conversas profundas sobre qualquer assunto. Esse é o ChatGPT, um modelo de linguagem avançado que utiliza IA para gerar textos criativos e humanizados, responder perguntas complexas e até mesmo programar em diversas linguagens.

Como usar o ChatGPT no dia a dia?

Crie conteúdo para as redes sociais: Peça ao ChatGPT para gerar ideias de posts, escrever legendas criativas e até mesmo criar roteiros curtos para seus vídeos.

Supere o bloqueio criativo: Está sem ideias para um artigo, um projeto ou uma apresentação? O ChatGPT pode te ajudar a gerar um brainstorm de ideias e encontrar a inspiração que você precisa.

Traduza textos com naturalidade e precisão: Esqueça as traduções literais e sem graça! O ChatGPT traduz seus textos mantendo o estilo, o tom e a naturalidade da língua original.

Aprenda coisas novas de forma interativa: Que tal ter uma conversa com o ChatGPT sobre história, ciência, filosofia ou qualquer outro tema que desperte sua curiosidade?

4.4.2. Grammarly: Seu Editor Virtual a um Clique de Distância

Erros de português e falta de clareza nunca mais! Com o Grammarly, você terá um editor virtual revisando seus textos em tempo real, seja em e-mails, documentos, posts de redes sociais ou qualquer outro lugar onde você escreva online.

O que o Grammarly faz por você?

Corrige erros de gramática, ortografia e pontuação: Diga adeus aos erros gramaticais constrangedores e garanta que seus textos transmitam profissionalismo e credibilidade.

Melhora a clareza e a concisão da escrita: Elimine palavras desnecessárias, frases confusas e torne seus textos mais objetivos e fáceis de ler.

Detecta plágios: Garanta a originalidade dos seus textos e evite problemas com direitos autorais.

Sugere sinônimos e frases mais sofisticadas: Enriqueça seu vocabulário e torne seus textos mais elegantes e profissionais.

CAPÍTULO 5: IA PARA POTENCIALIZAR SUAS HABILIDADES PROFISSIONAIS

Chegou a hora de turbinar suas habilidades e se tornar um profissional completo e preparado para o futuro! Neste capítulo, vamos mergulhar em um universo de ferramentas de IA que vão te transformar em um mestre da análise de dados, um mago do marketing digital e um craque da criação de conteúdo, independentemente da sua área de atuação.

Esqueça aquela ideia de que a IA é apenas para cientistas de dados ou especialistas em tecnologia. As ferramentas que vamos apresentar são acessíveis, intuitivas e projetadas para empoderar profissionais de todas as áreas a alcançarem resultados extraordinários.

Prepare-se para descobrir como a IA pode te ajudar a:

- Tomar decisões mais estratégicas e eficazes, baseadas em dados concretos.
- Criar conteúdo irresistível que engaja seu público e coloca você em destaque no mundo digital.
- Gerenciar suas redes sociais como um profissional, otimizando seu tempo e alcançando resultados reais.
- Encontrar as ferramentas de IA perfeitas para sua área de atuação, seja você um profissional de marketing, vendas, design ou qualquer outra.

5.1 ANÁLISE DE DADOS PARA TOMADA DE DECISÕES: DEIXE A INTUIÇÃO DE LADO E ABRACE O PODER DOS DADOS

Imagine ter uma bola de cristal capaz de prever as tendências do mercado, entender o comportamento dos seus clientes e te guiar na direção das decisões mais lucrativas e eficazes. Essa bola de cristal existe e atende pelo nome de Análise de Dados com IA.

Esqueça a ideia de que a análise de dados é um bicho de sete cabeças, restrita a cientistas e especialistas em matemática. As ferramentas de IA democratizaram o acesso a esse conhecimento poderoso, colocando-o ao alcance de qualquer profissional que deseje tomar decisões mais inteligentes e estratégicas.

Mas como a IA está revolucionando a análise de dados?

Processamento de grandes volumes de dados: Enquanto um humano levaria horas, dias ou até mesmo semanas para analisar manualmente uma grande quantidade de dados, a IA faz isso em questão de segundos, identificando padrões e tendências que passariam despercebidos aos nossos olhos.

Previsões precisas e confiáveis: Com base na análise de dados históricos e em tempo real, a IA pode prever o comportamento futuro dos seus clientes, as tendências do mercado e até mesmo o desempenho das suas campanhas de marketing.

Insights acionáveis para tomada de decisão: A IA não apenas analisa os dados, mas também traduz as informações em insights claros e acionáveis, que te ajudam a entender o que está acontecendo, por que está acontecendo e o que você pode fazer para melhorar seus resultados.

Veja como a análise de dados com IA pode transformar sua maneira de tomar decisões:

Marketing: Identifique seu público-alvo ideal, personalize suas campanhas de marketing, otimize seus gastos com anúncios e maximize seu retorno sobre o investimento.

Vendas: Identifique leads qualificados, personalize a abordagem de vendas, preveja as necessidades dos clientes e feche mais negócios.

Gestão de Pessoas: Otimize o processo de recrutamento e seleção, identifique os melhores talentos, personalize os programas de treinamento e desenvolvimento e melhore a retenção de funcionários.

Finanças: Faça previsões financeiras mais precisas, identifique oportunidades de investimento, minimize riscos e otimize o desempenho financeiro da sua empresa.

Ferramentas Essenciais para a Análise de Dados com IA:

Google Analytics: A ferramenta gratuita do Google para análise de sites e aplicativos, com recursos de IA para identificar tendências, segmentar seu público e otimizar suas campanhas de marketing.

Power BI: A plataforma de análise de dados da Microsoft, com recursos de IA para visualização de dados, criação de dashboards interativos e compartilhamento de insights com sua equipe.

Tableau: Uma ferramenta poderosa para visualização de dados, com recursos de IA para identificar padrões, criar mapas de calor e gerar dashboards dinâmicos.

No próximo tópico, vamos explorar como a IA pode te transformar em um mestre da criação de conteúdo, capaz de gerar textos irresistíveis que conquistam a atenção do seu público e colocam você no topo dos resultados de busca.

5.2 CRIAÇÃO DE CONTEÚDO OTIMIZADO PARA SEO: DOMINE A ARTE DO CONTEÚDO IRRESISTÍVEL COM A FORÇA DA IA

Você já se perguntou por que alguns conteúdos brilham no topo das buscas do Google, enquanto outros permanecem esquecidos nas profundezas da internet? O segredo está na arte da otimização para SEO (Search Engine Optimization), e a inteligência artificial chegou para ser sua aliada poderosa nessa jornada.

Esqueça a ideia de que SEO é um código secreto acessível apenas a especialistas. As ferramentas de IA democratizaram o acesso a esse conhecimento poderoso, permitindo que qualquer pessoa crie conteúdos incríveis que o Google vai amar, atraindo mais visitantes, gerando mais leads e impulsionando seus resultados.

Como a IA está revolucionando a criação de conteúdo otimizado para SEO?

Pesquisa de Palavras-Chave Inteligente: A IA analisa o comportamento do usuário, as tendências de busca e a concorrência para identificar as palavras-chave mais relevantes para o seu público-alvo, aquelas que realmente geram tráfego qualificado para o seu site.

Geração de Conteúdo Criativo e Otimizado: Com base nas palavras-chave escolhidas, a IA pode gerar sugestões de temas, títulos irresistíveis, estruturas de texto otimizadas e até mesmo escrever parágrafos inteiros, sempre focada em criar conteúdo relevante, original e que responda às dúvidas e necessidades do seu público.

Análise e Otimização de Conteúdo Existente: A IA analisa seus textos existentes e identifica pontos de melhoria em relação à otimização para SEO, sugerindo mudanças na estrutura do texto, na escolha de palavras-chave e na formatação do conteúdo, para que ele tenha um desempenho ainda melhor nos resultados de busca.

Veja como a IA pode te transformar em um mestre da criação de conteúdo otimizado para SEO:

Encontre os temas e palavras-chave perfeitas: Descubra o que seu público está buscando e quais termos eles usam para encontrar informações relacionadas ao seu nicho, para criar conteúdo que realmente se conecte com seus leitores.

Crie títulos e introduções irresistíveis: Cative a atenção do leitor desde o primeiro segundo com títulos chamativos, introduções envolventes e frases que despertam a curiosidade e o desejo de continuar lendo.

Otimize a estrutura e a formatação do seu texto: Torne seu conteúdo mais fácil de ler e entender, utilizando subtítulos, listas, frases curtas e parágrafos concisos, além de destacar palavras-chave importantes e adicionar links relevantes para outros conteúdos do seu site.

Analise o desempenho do seu conteúdo e faça melhorias contínuas: A IA te ajuda a monitorar as métricas importantes, como visualizações de página, tempo de permanência no site e taxa de rejeição, para que você possa entender o que está funcionando e o que pode ser melhorado.

Ferramentas Essenciais para Criação de Conteúdo Otimizado para SEO com IA:

SEMrush: Uma plataforma completa para SEO, que utiliza IA para pesquisa de palavras-chave, análise de backlinks, auditoria de SEO, monitoramento de posição e muito mais.

SurferSEO: Uma ferramenta poderosa para otimização de conteúdo, que utiliza IA para analisar os resultados do Google e te dizer exatamente o que você precisa fazer para ranquear seu conteúdo na primeira página.

Frase.io: Uma ferramenta focada na criação de conteúdo otimizado para SEO, que utiliza IA para gerar sugestões de temas, escrever títulos irresistíveis, estruturar seu texto de forma estratégica e muito mais.

No próximo tópico, prepare-se para dominar o mundo das redes sociais com a ajuda da IA! Vamos explorar como as ferramentas inteligentes podem te transformar em um mestre da gestão de redes sociais e do marketing digital.

5.3 GESTÃO DE REDES SOCIAIS E MARKETING DIGITAL: DOMINE A ARTE DO ALCANCE E ENGAJAMENTO COM A FORÇA DA IA

As redes sociais são como palcos vibrantes cheios de oportunidades para conectar-se com seu público, fortalecer sua marca e alcançar resultados incríveis. Mas gerenciar múltiplas plataformas, criar conteúdo envolvente e acompanhar as métricas pode ser um desafio e tanto, certo? É aqui que a inteligência artificial entra em cena como sua aliada poderosa.

Esqueça a ideia de que o sucesso nas redes sociais se resume a postar fotos bonitas ou frases motivacionais. A IA chegou para transformar o marketing digital em uma ciência precisa, capaz de gerar resultados reais e mensuráveis.

Como a IA está revolucionando a gestão de redes sociais e o marketing digital?

Criação e Curadoria de Conteúdo Inteligente: A IA analisa o comportamento do seu público, as tendências do momento e as melhores práticas para te ajudar a criar posts irresistíveis, com imagens impactantes, textos envolventes e hashtags que realmente geram alcance.

Gerenciamento de Múltiplas Plataformas: Diga adeus à tarefa tediosa de postar manualmente em cada rede social! A IA permite que você programe posts em massa, analise o desempenho em cada plataforma e gerencie todas as suas redes sociais a partir de um único painel.

Análise de Métricas e Relatórios Completos: A IA monitora o desempenho das suas campanhas em tempo real, fornecendo insights valiosos sobre o alcance, engajamento, crescimento de seguidores e outras métricas importantes para você otimizar suas estratégias e alcançar resultados cada vez melhores.

Identificação e Interação com o Público-Alvo: A IA identifica os seguidores mais engajados, responde automaticamente a perguntas frequentes e até mesmo inicia conversas significativas, ajudando você a construir uma comunidade forte e leal ao redor da sua marca.

Veja como a IA pode te transformar em um mestre da gestão de redes sociais e do marketing digital:

Crie conteúdos que brilham: Utilize a IA para identificar os temas que mais interessam ao seu público, gerar ideias de posts, escolher as melhores imagens e escrever legendas que capturam a atenção e incentivam a interação.

Otimize seu tempo e maximize seus resultados: Programe seus posts com antecedência, gerencie todas as suas redes sociais a partir de um único painel e utilize as análises de desempenho para ajustar suas estratégias em tempo real.

Interaja com seu público de forma inteligente: Responda rapidamente às mensagens e comentários, identifique os seguidores mais engajados e crie campanhas personalizadas para diferentes segmentos do seu público.

Ferramentas Essenciais para Gestão de Redes Sociais e Marketing Digital com IA:

Hootsuite: Uma plataforma completa para gerenciamento de redes sociais, que permite programar posts, analisar métricas, interagir com seguidores e muito mais, tudo em um único lugar.

Buffer: Outra excelente ferramenta para gestão de redes sociais, que utiliza IA para otimizar seus horários de postagem, analisar o desempenho dos seus posts e sugerir melhorias.

Canva: Uma ferramenta incrível para criação de conteúdo visual, que utiliza IA para sugerir designs, templates e imagens que fazem seus posts se destacarem no feed.

No próximo tópico, vamos explorar como encontrar e utilizar ferramentas de IA sob medida para sua área de atuação, seja você um profissional de marketing, vendas, design, educação ou qualquer outra. Continue acompanhando!

5.4 FERRAMENTAS DE IA SOB MEDIDA PARA SUA ÁREA DE ATUAÇÃO: ENCONTRE A TECNOLOGIA CERTA PARA ALAVANCAR SEU SUCESSO

Cada profissão tem suas particularidades, desafios e oportunidades únicas. E, felizmente, a inteligência artificial oferece um universo de ferramentas específicas para diferentes áreas de atuação, projetadas para resolver problemas concretos e alavancar seu sucesso de forma prática e eficiente.

Neste tópico, vamos explorar algumas das principais áreas profissionais e as ferramentas de IA que podem transformar sua rotina, aumentar sua produtividade e potencializar seus resultados.

Marketing e Vendas: Conquiste Clientes e Feche Negócios com a Força da IA

A IA está revolucionando o marketing e as vendas, permitindo que você entenda profundamente seu público, personalize suas campanhas e maximize suas taxas de conversão. Veja algumas ferramentas que podem te ajudar:

HubSpot: Uma plataforma completa de CRM, marketing e vendas, que utiliza IA para analisar o comportamento dos leads, personalizar a comunicação e otimizar suas campanhas.

Salesforce Einstein: Uma solução de IA integrada ao Salesforce, que oferece previsões de vendas, recomendações personalizadas e insights valiosos para melhorar seu desempenho comercial.

Marketo: Uma plataforma de automação de marketing, que utiliza IA para segmentar seu público, personalizar suas campanhas e analisar o desempenho em tempo real.

Design e Criação de Conteúdo: Libere Sua Criatividade com Ferramentas Inteligentes

A IA está transformando o mundo do design e da criação de conteúdo, permitindo que você crie peças visuais incríveis e textos envolventes de forma rápida e intuitiva. Confira algumas ferramentas indispensáveis:

Adobe Creative Cloud: A suíte de ferramentas da Adobe, com recursos de IA para design gráfico, edição de vídeo, criação de conteúdo e muito mais.

Lumen5: Uma ferramenta que transforma automaticamente artigos e posts de blog em vídeos envolventes, utilizando IA para selecionar as melhores imagens, vídeos e músicas.

Writesonic: Um assistente de escrita com IA, que gera textos criativos, títulos, descrições e muito mais, de forma rápida e intuitiva.

Educação e Treinamento: Transforme o Aprendizado com a Força da IA

A IA está revolucionando a educação e o treinamento, proporcionando experiências de aprendizado personalizadas, interativas e eficazes. Veja algumas ferramentas que estão transformando o ensino:

Khan Academy: Uma plataforma de aprendizado online que

utiliza IA para personalizar o ensino, recomendar conteúdos relevantes e oferecer feedback instantâneo.

Coursera: Uma plataforma de cursos online, que utiliza IA para recomendar cursos, personalizar o aprendizado e acompanhar o progresso dos alunos.

Duolingo: Um aplicativo de aprendizado de idiomas que utiliza IA para personalizar as lições, adaptar o ritmo de ensino e tornar o aprendizado divertido e eficaz.

Recursos Humanos e Gestão de Pessoas: Encontre e Desenvolva Talentos com a Força da IA

A IA está revolucionando a gestão de pessoas, desde o recrutamento até o desenvolvimento de talentos, proporcionando insights valiosos e automação de processos. Confira algumas ferramentas indispensáveis:

LinkedIn Recruiter: Uma ferramenta de recrutamento que utiliza IA para identificar os melhores candidatos, personalizar a abordagem e otimizar o processo de seleção.

HireVue: Uma plataforma de entrevistas por vídeo que utiliza IA para analisar as respostas dos candidatos, identificar os melhores talentos e melhorar a eficiência do processo de seleção.

Degreed: Uma plataforma de desenvolvimento de talentos, que utiliza IA para recomendar cursos, acompanhar o progresso e personalizar os programas de treinamento.

Explore essas ferramentas, experimente suas funcionalidades e descubra como a inteligência artificial pode transformar sua rotina, potencializar suas habilidades e alavancar seu sucesso, independentemente da sua área de atuação.

No próximo capítulo, vamos aprender como criar um portfólio

e currículo orientado para IA, destacando suas habilidades, projetos e cases de sucesso, para que você se posicione como um profissional preparado para o futuro. Continue acompanhando!

CAPÍTULO 6: CRIANDO UM PORTFÓLIO E CURRÍCULO ORIENTADO PARA IA

Em um mundo cada vez mais competitivo, destacar-se no mercado de trabalho requer mais do que apenas habilidades técnicas. Um portfólio bem construído e um currículo otimizado para a era da IA são essenciais para mostrar seu valor e potencial a empregadores e clientes. Vamos explorar como você pode criar um portfólio e currículo que brilhem à luz da inteligência artificial, destacando suas habilidades, projetos e cases de sucesso.

6.1 DESTACANDO SUAS HABILIDADES EM IA: MOSTRE SEU POTENCIAL E CONHECIMENTO

No coração de qualquer bom currículo ou portfólio estão as habilidades que você possui. Na era da IA, é crucial destacar suas habilidades em tecnologias emergentes, mostrando que você está preparado para os desafios do futuro.

6.1.1. Identifique e Categorize suas Habilidades

Antes de tudo, faça um inventário completo de suas habilidades. Separe-as em categorias como:

Habilidades Técnicas: Programação, análise de dados, machine learning, desenvolvimento de IA, etc.

Habilidades Soft: Comunicação, criatividade, pensamento crítico, liderança, etc.

Ferramentas e Tecnologias: Ferramentas de IA, plataformas de análise de dados, software de design, etc.

6.1.2. Destaque suas Habilidades mais Relevantes

Liste suas habilidades mais relevantes para o trabalho ou projeto que você está buscando. Use termos específicos e palavras-chave que os recrutadores e sistemas de triagem automatizada (ATS) procuram.

Exemplo: "Experiência em desenvolvimento de modelos de machine learning utilizando Python e TensorFlow. Proficiente em análise de dados com Power BI e Tableau. Habilidades avançadas em comunicação e liderança de equipes multidisciplinares."

6.1.3. Demonstre suas Habilidades com Resultados Concretos

Nada fala mais alto do que resultados. Ao descrever suas habilidades, associe-as a resultados concretos que você alcançou.

Exemplo: "Desenvolvi um modelo de machine learning que aumentou a precisão das previsões de vendas em 20%, resultando em um incremento de 15% no faturamento anual."

6.2 PROJETOS E CASES DE SUCESSO UTILIZANDO IA: PROVE SEU VALOR COM EXEMPLOS REAIS

Projetos e cases de sucesso são a prova tangível de que você sabe aplicar suas habilidades de forma eficaz. Eles demonstram não apenas o que você sabe, mas como você utiliza esse conhecimento para resolver problemas e gerar valor.

6.2.1. Selecione Projetos Relevantes

Escolha projetos que melhor representam suas habilidades e que são mais relevantes para a posição ou cliente que você está almejando. Inclua uma variedade de projetos para mostrar a amplitude e a profundidade do seu conhecimento.

6.3.2. Estruture seus Projetos de Forma Clara e Concisa

Para cada projeto, siga uma estrutura clara que permita ao leitor entender rapidamente seu papel e as realizações. Utilize o formato STAR (Situação, Tarefa, Ação, Resultado):

Situação: Descreva o contexto do projeto.
Tarefa: Explique o desafio ou problema que precisava ser resolvido.
Ação: Detalhe as ações que você tomou e as ferramentas/ tecnologias que utilizou.

Resultado: Mostre os resultados concretos e mensuráveis que você alcançou.

Exemplo:
Situação: "A empresa enfrentava dificuldades em prever a demanda dos clientes, resultando em excesso de estoque e custos elevados."
Tarefa: "Desenvolver um modelo preditivo para melhorar a acuracidade das previsões de demanda."
Ação: "Utilizei Python e TensorFlow para desenvolver um modelo de machine learning, treinando-o com dados históricos de vendas."
Resultado: "O modelo reduziu o excesso de estoque em 30% e os custos operacionais em 15%."

6.3.3. Utilize Visualizações e Gráficos

Incluir gráficos, tabelas e outras visualizações de dados pode tornar seus projetos mais atraentes e compreensíveis. Ferramentas como Power BI, Tableau ou até mesmo Excel podem ajudar a criar visualizações impactantes.

6.3 CONSTRUINDO UMA MARCA PESSOAL FORTE NA ERA DIGITAL

Uma marca pessoal forte pode ser um diferencial significativo no mercado de trabalho atual. Ela não só te diferencia dos concorrentes, mas também te posiciona como um líder de pensamento e um profissional inovador.

6.3.1. Desenvolva uma Presença Online Consistente

Crie e mantenha perfis profissionais em plataformas como LinkedIn, GitHub, Behance (para designers), ou Medium (para escritores). Certifique-se de que todas as informações estão atualizadas e refletem suas habilidades e experiências mais relevantes.

Exemplo: "Atualize regularmente seu LinkedIn com novos projetos, artigos sobre IA, e certificações que você obteve. Compartilhe insights e participe de discussões em grupos relacionados à IA."

6.3.2. Produza Conteúdo Original

Escrever artigos, criar vídeos ou compartilhar posts nas redes sociais sobre temas relacionados à sua área pode demonstrar seu conhecimento e paixão pelo campo. Além disso, isso te posiciona como uma autoridade no assunto.

Exemplo: "Escreva um blog sobre as últimas tendências em IA, crie tutoriais no YouTube sobre como usar ferramentas de

IA, ou publique artigos no LinkedIn sobre suas experiências e aprendizados."

6.3.3. Participe de Comunidades e Eventos

Engajar-se em comunidades online e participar de eventos, conferências e webinars é uma ótima maneira de expandir sua rede de contatos, aprender novas habilidades e se manter atualizado sobre as tendências do mercado.

Exemplo: "Participe de eventos de IA, faça networking em meetups locais, ou junte-se a grupos de discussão no LinkedIn e no Reddit."

Construir um portfólio e currículo orientado para IA requer tempo e dedicação, mas os benefícios para sua carreira são imensuráveis. Ao destacar suas habilidades, demonstrar seu valor através de projetos reais e construir uma marca pessoal forte, você se posiciona como um profissional preparado para os desafios e oportunidades da era da inteligência artificial.

No próximo capítulo, vamos explorar o aprendizado contínuo em IA, apresentando recursos e ferramentas que te ajudarão a se manter atualizado e a continuar desenvolvendo suas habilidades. Continue acompanhando!

CAPÍTULO 7: APRENDIZADO CONTÍNUO EM IA - RECURSOS E FERRAMENTAS

A inteligência artificial é uma área em constante evolução, com novas descobertas, técnicas e ferramentas surgindo a cada dia. Para se manter competitivo e atualizado, é crucial adotar uma mentalidade de aprendizado contínuo, buscando sempre novas formas de expandir seus conhecimentos e habilidades.

Neste capítulo, vamos explorar uma variedade de recursos e ferramentas que podem te ajudar a acompanhar as últimas tendências, aprimorar suas habilidades e se destacar no mercado de trabalho.

7.1 PLATAFORMAS DE CURSOS ONLINE: APRENDA COM OS MELHORES

As plataformas de cursos online oferecem uma infinidade de cursos sobre IA, machine learning, análise de dados e muito mais. Elas são uma excelente maneira de adquirir novos conhecimentos de forma flexível e acessível, permitindo que você aprenda no seu próprio ritmo e de acordo com sua agenda.

7.1.1. Coursera

Coursera oferece cursos de instituições de renome mundial, como Stanford, MIT e Google. Os cursos variam de introdutórios a avançados, cobrindo tópicos como machine learning, deep learning, processamento de linguagem natural e muito mais.

Destaques: "Machine Learning" de Andrew Ng (Stanford), "AI For Everyone" de Andrew Ng, "Deep Learning Specialization" (Coursera/DeepLearning.AI).

7.1.2. edX

edX é outra plataforma que oferece cursos de alta qualidade de instituições como Harvard, MIT e Berkeley. Os cursos são projetados para fornecer uma compreensão profunda dos conceitos de IA e suas aplicações práticas.

Destaques: "Artificial Intelligence" de Columbia University, "Principles of Machine Learning" de Microsoft, "Data Science MicroMasters" do MIT.

7.1.3. Udacity

Udacity é conhecida por seus "Nanodegree Programs", que são cursos intensivos projetados para preparar você para uma carreira específica em tecnologia. Os programas de IA e machine learning da Udacity são especialmente bem avaliados.

Destaques: "Deep Learning Nanodegree", "AI for Business Leaders", "Self-Driving Car Engineer Nanodegree".

7.1.4. Udemy

Udemy oferece uma ampla gama de cursos sobre IA e tecnologia, muitos dos quais são acessíveis a preços razoáveis. A plataforma permite que você encontre cursos específicos que atendam às suas necessidades de aprendizado.

Destaques: "Python for Data Science and Machine Learning Bootcamp", "Complete Guide to TensorFlow for Deep Learning with Python", "AI for Everyone: Master the Basics".

7.2 BLOGS E SITES DE NOTÍCIAS: MANTENHA-SE ATUALIZADO COM AS ÚLTIMAS TENDÊNCIAS

Seguir blogs e sites de notícias especializados em IA é uma excelente maneira de se manter informado sobre as últimas tendências, avanços tecnológicos e melhores práticas na área.

7.2.1. Towards Data Science

Towards Data Science é uma comunidade no Medium onde profissionais de IA e ciência de dados compartilham artigos, tutoriais e estudos de caso. É uma excelente fonte de informações e insights práticos.

Destaques: Artigos sobre machine learning, deep learning, análise de dados, IA aplicada e muito mais.

7.2.2. AI Trends

AI Trends é um site de notícias dedicado a cobrir as últimas tendências e desenvolvimentos em IA. Ele oferece artigos, entrevistas e relatórios sobre uma ampla gama de tópicos relacionados à IA.

- Destaques: Tendências de mercado, inovações tecnológicas, casos de uso de IA em diferentes indústrias.

7.2.3. KDnuggets

KDnuggets é um dos sites mais populares para profissionais de ciência de dados e IA. Ele oferece uma combinação de artigos, tutoriais, cursos, notícias e análises de ferramentas e tecnologias.

Destaques: Recursos para machine learning, deep learning, big data, visualização de dados e muito mais.

7.3 COMUNIDADES ONLINE E FÓRUNS: CONECTE-SE COM OUTROS PROFISSIONAIS

Participar de comunidades online e fóruns é uma excelente maneira de aprender com outros profissionais, trocar ideias, obter feedback e resolver problemas de forma colaborativa.

7.3.1. Reddit

Reddit possui várias comunidades (subreddits) dedicadas a IA e machine learning, onde profissionais e entusiastas compartilham artigos, tutoriais, dúvidas e discussões.

Destaques: r/MachineLearning, r/artificial, r/learnmachinelearning.

7.3.2. Stack Overflow

Stack Overflow é uma comunidade de perguntas e respostas para programadores. É uma excelente fonte para encontrar soluções para problemas técnicos específicos e aprender com a experiência de outros profissionais.

Destaques: Tags como "machine-learning", "deep-learning", "tensorflow", "pytorch".

7.3.3. LinkedIn

LinkedIn é uma rede profissional onde você pode seguir líderes da indústria, participar de grupos de discussão e acompanhar as últimas notícias e tendências na área de IA.

Destaques: Grupos como "Artificial Intelligence & Machine Learning", "Big Data and Analytics", "Deep Learning".

7.4 RECURSOS ADICIONAIS: EXPANDA SEU CONHECIMENTO E CAPACIDADES

Além das plataformas de cursos, blogs e comunidades, há muitos outros recursos que podem ajudar você a aprofundar seus conhecimentos em IA e aplicar suas habilidades de forma prática.

7.4.1. Livros

Livros são uma excelente forma de obter uma compreensão profunda de conceitos e técnicas de IA.

Destaques: "Artificial Intelligence: A Modern Approach" de Stuart Russell e Peter Norvig, "Deep Learning" de Ian Goodfellow, Yoshua Bengio e Aaron Courville, "Hands-On Machine Learning with Scikit-Learn, Keras, and TensorFlow" de Aurélien Géron.

7.4.2. Podcasts

Podcasts são uma ótima maneira de aprender enquanto você está em movimento.

Destaques: "Lex Fridman Podcast", "AI Alignment Podcast", "Data Skeptic".

7.4.3. Conferências e Webinars

Participar de conferências e webinars é uma excelente maneira de se manter atualizado sobre as últimas tendências e tecnologias, além de fazer networking com outros profissionais da área.

Destaques: NeurIPS, ICML, CVPR, Webinars da Coursera e edX.

Adotar uma mentalidade de aprendizado contínuo é essencial para se manter relevante e competitivo na era da inteligência artificial. Utilize os recursos e ferramentas apresentados neste capítulo para expandir seus conhecimentos, aprimorar suas habilidades e estar sempre preparado para os desafios e oportunidades que surgirem.

CAPÍTULO 8: CONCLUSÃO - REVISÃO E CHAMADA PARA AÇÃO

Você chegou ao final desta jornada sobre como a Inteligência Artificial está transformando o mercado de trabalho e como você pode se preparar para essa revolução. Mas, na verdade, este é apenas o começo de sua própria jornada de aprendizado e desenvolvimento. Vamos revisar os pontos principais abordados neste livro e, mais importante, destacar as ações que você pode começar a implementar hoje mesmo para se destacar na era da IA.

8.1 REVISÃO DOS PONTOS PRINCIPAIS

1. Desmistificando o Futuro do Trabalho
O que é IA?: Entendemos que a IA é a capacidade das máquinas de aprender e tomar decisões como humanos, aplicável em diversas áreas do nosso cotidiano.
Mitos e Verdades sobre IA: Desmascaramos os principais mitos sobre a IA, como a ideia de que ela vai roubar todos os empregos ou que é infalível.

2. A Revolução da IA no Mercado de Trabalho
Transformação das Profissões: A IA está automatizando tarefas repetitivas e liberando tempo para atividades mais estratégicas e criativas.
Oportunidades e Desafios: Identificamos as novas habilidades necessárias e as profissões emergentes na era da IA.
Habilidades do Futuro: Destacamos a importância de desenvolver habilidades técnicas e socioemocionais para prosperar no novo mercado de trabalho.

3. Ética e Impacto Social da IA
Questões Éticas: Discutimos a necessidade de desenvolver e utilizar a IA de forma ética, prevenindo vieses e garantindo a privacidade.
Viés Algorítmico: Abordamos como combater os vieses nos algoritmos para promover a equidade.
Aprendizado Contínuo: A importância de estar sempre aprendendo e se adaptando às mudanças tecnológicas.

4. Ferramentas de IA para Produtividade
Automação de Tarefas Repetitivas: Ferramentas de IA que

ajudam a automatizar tarefas do dia a dia.

Organização e Gestão do Tempo: Como a IA pode ajudar a otimizar sua rotina.

Comunicação Eficiente: Utilização da IA para melhorar a clareza e a eficácia da comunicação.

Exemplos Práticos: Ferramentas específicas que você pode começar a usar hoje.

5. IA para Potencializar suas Habilidades Profissionais

Análise de Dados para Tomada de Decisões: Ferramentas de IA que ajudam a tomar decisões baseadas em dados.

Criação de Conteúdo Otimizado para SEO: Como usar a IA para criar conteúdo relevante e otimizado.

Gestão de Redes Sociais e Marketing Digital: Ferramentas de IA para melhorar suas campanhas de marketing e gerenciamento de redes sociais.

Ferramentas de IA Sob Medida: Soluções específicas para diferentes áreas de atuação.

6. Criando um Portfólio e Currículo Orientado para IA

Destacando suas Habilidades: Como mostrar suas habilidades em IA de forma eficaz.

Projetos e Cases de Sucesso: Importância de demonstrar seu valor com exemplos reais.

Construindo uma Marca Pessoal Forte: Dicas para desenvolver uma presença online consistente e produzir conteúdo original.

7. Aprendizado Contínuo em IA

Plataformas de Cursos Online: Recursos para aprender sobre IA e tecnologias relacionadas.

Blogs e Sites de Notícias: Mantendo-se atualizado com as últimas tendências.

Comunidades Online e Fóruns: Conectando-se com outros profissionais.

Recursos Adicionais: Livros, podcasts, conferências e webinars para expandir seu conhecimento.

8.2 CHAMADA PARA AÇÃO

A inteligência artificial está aqui para ficar, e o futuro pertence àqueles que se adaptarem e abraçarem essa revolução tecnológica. Agora que você tem uma compreensão sólida de como a IA está transformando o mercado de trabalho e as ferramentas disponíveis para potencializar suas habilidades, é hora de agir.

Aqui estão algumas ações que você pode começar a implementar hoje:

1. Eduque-se Continuamente: Inscreva-se em cursos online, leia livros e siga blogs e podcasts sobre IA para se manter atualizado e expandir seu conhecimento.

2. Experimente Ferramentas de IA: Teste algumas das ferramentas mencionadas neste e-book e veja como elas podem ajudar a melhorar sua produtividade e eficiência.

3. Desenvolva suas Habilidades: Concentre-se em aprimorar tanto suas habilidades técnicas quanto suas habilidades socioemocionais. Participe de workshops, webinars e eventos da área.

4. Crie e Atualize seu Portfólio: Comece a construir ou atualizar seu portfólio com projetos relevantes que demonstrem suas habilidades e conquistas em IA.

5. Construa sua Marca Pessoal: Produza conteúdo original, participe de discussões em comunidades online e faça networking com outros profissionais.

6. Aplique o Conhecimento no Seu Trabalho: Utilize as ferramentas e técnicas de IA para resolver problemas reais em sua área de atuação, demonstrando o valor da tecnologia em seu ambiente de trabalho.

O mundo está mudando rapidamente, e a IA é uma das forças motrizes dessa transformação. Ao adotar uma mentalidade de aprendizado contínuo e aplicar as estratégias discutidas neste e-book, você estará não apenas preparado para o futuro do trabalho, mas também posicionado para liderar essa nova era.

Não deixe para amanhã o que você pode começar hoje. Abrace a revolução da IA, invista em seu desenvolvimento e transforme sua carreira!

AGRADECIMENTOS

Muito obrigado por acompanhar este livro. Espero que você tenha encontrado valor nas informações e que esteja motivado a aplicar o que aprendeu. O futuro é agora, e você está preparado para ser um protagonista dessa transformação.

Boa sorte em sua jornada!

SOBRE O AUTOR

Rodrigo Elias Perestrelo

Rodrigo Elias Perestrelo é um apaixonado por tecnologia, fitness e empreendedorismo. Com uma sólida carreira como Gerente de Tecnologia e um profundo interesse pelo impacto da Inteligência Artificial no mercado de trabalho, ele combina sua experiência prática com uma visão inovadora para ajudar profissionais a se prepararem para o futuro. Praticante de jiu-jítsu e praticante dedicado de musculação, Rodrigo Perestrelo também é um influenciador digital que inspira milhares de seguidores a alcançar seus objetivos pessoais e profissionais. Como autor deste livro, ele oferece insights valiosos e estratégias práticas para dominar a IA e transformar sua carreira, baseado em anos de estudo e aplicação real de tecnologias emergentes.